# Deco Room with Plants

## 데코 플랜츠

가와모토 사토시 지음

나지윤 옮김

미디어샘

## Preface | 책머리에

다양한 작업을 통해 나만의 가든 스타일을 만들고 인
테리어와 푸드에 이를 녹여내면서 이제야 비로소 독
자적인 감수성과 세계관이 형성된 느낌입니다. 이 책
은 나만의 스타일이 오롯이 담긴 그린 인테리어를 풍
부한 사진과 함께 다양하게 소개합니다. 똑같이 따라
하지 않아도 좋습니다. 이중 일부라도 자신의 라이프
스타일에 맞게 마음껏 스타일링해보세요. 평소 틀에
얽매이지 않는 자유로운 스타일을 좋아하기 때문에
내키는 대로 책을 늘어놓거나 화분을 세워두는 등 편
안한 느낌을 담고자 했습니다. 다소 정신없고 산만해
보일지도 모르지만 숨통이 탁 트이는 안락함과 아날
로그적인 감성이 물씬 풍기는 여유로움을 만끽하시
기 바랍니다.

# Contents

"자연과 함께하는 우리 집에 초대합니다"

도시 근교에 위치한 단독주택이다. 내가 업자의 손을 빌리지 않고 직접 리모델링한 집이다. 이사 온 뒤에도 몇 년에 걸쳐 크고 작은 수리를 거듭해 이제는 오래된 가옥의 묵은 때를 벗겨내고 독특하고 멋스러운 공간으로 재탄생했다. 신록이 가득한 인테리어 스타일링과 일상생활 속에서 다양하게 시도한 아이디어를 공개한다.

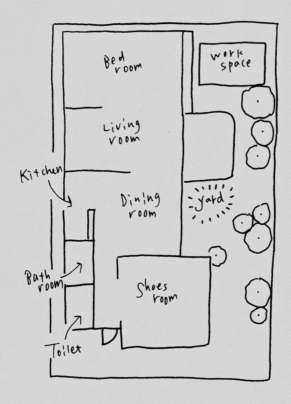

# DOOR

집에서 가장 먼저 만나는 현관. 오랫동안 햇볕을 받으며 변한 세월의 흔적과, 예스러운 멋이 묻어나는 붉은색 문이 마음에 들어 원래 모양 그대로 사용 중이다. 대신 양쪽 벽에는 회색빛이 감도는 차분한 푸른색을 칠해 강렬한 존재감을 발휘하는 붉은색 문과 색감의 강약을 조절했다. 무심코 세워 올린 듯 보이는 콘크리트 벽돌담은 도톰한 스트라이프 무늬를 넣어 경쾌함을 더했고 현관문과 벽의 색과 어우러지도록 올리브그린으로 칠했다. 벽돌담 중앙 쪽으로 세워진 알루미늄 울타리는 상자나 오래된 나뭇가지로 감추어 일본 가정집 특유의 분위기를 자연스럽게 중화시켰다(10페이지 상단). 색이 스며들기 쉬워 자칫 지저분하고 칙칙해지기 십상인 콘크리트 벽돌담 위에 밝고 선명한 색상의 화분들을 옹기종기 모아 산뜻한 포인트를 주었다.

"STAR" made by driftwood.

I painted with blue-gray.

현관문을 열면 오래된 외국 책 몇 장을 붙여 만든 큼지막한 벽면이 단번에 시선을 사로잡는다. 식물도감 페이지에 나비 장식을 가미해 유머러스하게 표현했다. 신발장 위에는 병이나 광석, 드라이플라워를 넣은 유리 돔 등 좋아하는 소품을 장식했고 나뭇가지나 갖가지 장식품을 곁들여 공간을 한층 풍성하게 연출했다.

Wall decoration "Astier*" I bought in Paris.

＊Astier(아스티에) 프랑스 도기 브랜드인 아스티에 드 빌라트Astier de Villatte의 약어.

DOOR The meaning of "S"...

making dried flowers.

Sealed with old books & real butterfly.

거울 양쪽에 길게 늘어뜨린 드라이플라워는 직사광선이 닿지 않고 바람이 잘 통하는 곳에 생화를 걸어 말린 것이다. 이렇게 하면 꽃이 예쁘게 말라가는 과정을 즐길 수 있다. 복도 위쪽에는 회전목마의 부품을 액자처럼 활용해 포인트를 주었다. 빛바랜 녹색 테두리에 드라이플라워를 매달거나 중앙에 엽서를 끼우는 등 장식하기에 따라 다양한 표정을 연출할 수 있다.

This frame was used in merry-go-round.

# SHOES
# ROOM

신발을 비롯해 공구나 수선도구, 전기드릴 등 온갖 작업용품을 보관하는 내 신발장은 사뭇 터프한 분위기를 풍기는 공간이다. 의도적으로 짙은 색 식물을 코디해 남성적이고 스마트한 느낌을 연출했다. 다만 짙은 색감만 모아두면 어둡고 칙칙한 인상을 줄 수 있어, 포인트로 노란색이나 주황색처럼 밝고 선명한 색상의 화분을 배치했다. 위쪽에는 와인 박스와 야채보관용 나무상자를 쌓아 신발 보관함을 만들고 사용하지 않는 에어컨에는 트럼프 카드를 붙여 인테리어 효과를 주었다.

# LIVING

거실은 텔레비전이나 DVD를 보는 등 긴장을 풀고 느긋하게 시간을 보내는 장소다. 잎사귀에 하얀색 무늬가 들어간 큼지막한 식물을 잘 보이는 곳에 배치하니 전체적인 인상이 한결 밝아졌다. 여기에 드라이플라워나 마른 나뭇가지를 섞어 멋스럽게 코디해 개성적이고 흥겨운 분위기를 더했다. 천장에서 앙증맞게 모습을 드러내고 있는 마리오네트는 보자마자 한눈에 반해 그 자리에서 구입한 물건이다. 천장에서 흘러내리듯 이어붙인 장식용 술이 주변 화초들과 탁월한 하모니를 뽐낸다. 이처럼 여러 가지 요소들을 믹스매치하면 공간을 더욱 풍요롭게 만들어주므로 과감히 시도해보자.

\* PENDLETON's cushion and old military sofa cover.

\*Pendleton(펜들턴) 인디언무늬 양모 제품으로 유명한 미국 브랜드.

Marionette from France.

29

*
Zorro(조로)
저자가 키우는 반려견 이름.

"Zorro's friend".

Zzzz······

Making a
special
lamp
...

" The plants chandelier "

유칼립투스, 회양목, 클레마티스로 만든 색감이 바랜 드라이플라워를 이용해 완성한 근사한 상들리에, 여기에 거실의 색감에 어울리는 인조 다육식물 몇 개를 곁들어 귀여운 포인트를 주었다. 불을 켜면 잎사귀 그림자가 퍼져서 한층 운치 있는 분위기를 자아낸다.

Yellow tulips make me feel "spring"

Floating flowers.

The Succulent plant is easy to care !!

푸르고 촉촉한 화초는 여름의 청량함을, 밝고 화사한 색상의 꽃은 봄의 따스함을 전한다. 선택하는 식물에 따라 집 안의 분위기를 다채롭게 연출할 수 있다는 점 이야말로 그린 인테리어의 매력이다. 앤티크 트렁크에 유리를 깔아 만든 티 테이블에는 유리 사이에 프리저브드 플라워*나 근사한 카드를 끼워 넣어 색다른 개성을 표현했다.

*Preserved Flower
아름다운 모습을 오랫동안 보존하도록 전용 용액을 사용해 가공한 꽃.

# KITCHEN

밝고 따사로운 햇살이 스며드는 주방은 간단한 요리를 만들거나 커피를 내리는 등 언제나 기분 좋은 시간을 보내는 장소다. 주방과 식당의 공간을 구분하는 선반은 그때그때 기분에 맞춰 좋아하는 아이템을 장식한다. 천장이 높은 주방은 아래로 흘러내리는 덩굴 식물이나 걸이화분을 매달아 풍부한 입체감을 표현하기에 안성맞춤이다.
참고로 주방과 식당을 구분하는 벽면 위에 붙인 'SOIL'이라는 문자는 '흙'이라는 뜻으로 모든 것의 기본은 흙이라는 사실을 잊지 않기 위해 달아놓았다.

↖ beans...

cookie cutters
on the mirror frame.

향기로운 꽃이나 가지치기한 다육식물을 유리컵 안에 넣어 선반에 올려두었다. 유리병에 콩류를 넣어 사이좋게 세워두기만 해도 그럴듯한 인테리어 아이템이 완성된다. 어둠이 깔리고 양초에 불을 밝히면 어지러웠던 주방이 거짓말처럼 분위기 넘치는 휴식의 공간으로 변신한다.

why don't you light up a candle !?
It's nice...

# DINING
## ROOM

식당은 식사나 회의를 하는 곳으로 사용하는 일이 많아 사람들의 출입이 빈번한 장소다. 군데군데 칠이 벗겨진 앤티크 문양의 함석판을 붙인 벽면에 발판 사다리와 재활용한 선반을 세우고 아름다운 앤티크 주전자, 재치 넘치는 화분 커버, 프랑스 벼룩시장에서 구입한 플라스틱 화분 등 멋스러운 아이템들을 진열했다. 나무 공구상자 속에 화분 몇 개를 넣으면 소박한 그린 인테리어가 단번에 완성된다. 천장 주변에는 앤티크 시계와 좋아하는 도기 브랜드 '아스티에 드 빌라트'에서 구입한 플레이트를 장식했다.

GARDEN

Right side
is my yard.

HELLO SATOSHI!

WATER
PLEASE

amitié!
ivan teriah

BNTK

SEXTX

GF

It's my "TREASURE"
drawn by Astier's designer
just for me.

dried flowers
and old vase

tututu...

coral.

Tool box is useful.

해가 저물고 불을 밝히면 동화 속 세상처럼 환상적인 분
위기가 연출된다. 여기에 부드러운 조명과 양초를 곁들이
면 금상첨화다. 회의에 쓰일 자료를 고민하고 디자인 아
이디어를 떠올리는 장소이기도 한 식당은 감수성을 자극
하기 위해 버들선인장, 박쥐란처럼 모양이 아름답고 개성
적인 식물로 꾸몄다. 참고로 버들선인장을 담은 화분은
오래된 공구박스를 활용한 것이다.

# <u>YARD</u>

로마가 하루아침에 이루어지지 않았듯이 나의 마당도 마찬가지다. 식물에는 생명이 깃들어 있기에 정원의 모습은 시간이 지날수록 새로운 풍경을 선사한다. 끊임없이 변화를 거듭하는 자연이야말로 그린 인테리어의 진정한 매력이 아닐까. 나 역시 무수한 시행착오를 거쳐 초기에 머릿속에 그렸던 정원의 모습이 점차 바뀌어갔다. 그리고 몇 년의 세월이 지난 지금도 갖가지 시도와 수정을 반복하면서 나만의 초록빛 공간을 만들어가는 중이다.

↖ work space

old keys
and holy medailles.

I like the color of "AUTUMN". beautiful ...

Pots and bricks

"KOKURYU" is my favorite.

"KOKURYU(고쿠류)"
개맥운동을 뜻하는 백합과의 다년초

"Green" "Fingers"

미당을 싱그러운 휴식 공간으로 꾸미려면 물리적인 조절이 필수다. 근사한 정원을 만들겠다는 의욕이 지나쳐 과욕을 부리다간 스스로 감당하지 못할 만큼 일이 커지고만다. 결국 집 안의 푸른 오아시스를 즐기기는커녕 비용만 낭비하고 관리하기에 급급해져 제풀에 지치기 십상이다. 요즘은 제대로 된 정원을 만들겠다는 생각에 외부업체에 의뢰해 진입로 공사를 하는 경우가 많다. 자로 잰 듯반듯하게 만든 진입로는 소규모 정원에 어울리지도 않을뿐더러 도심의 시멘트 길처럼 삭막해 보인다. 차라리 기분 내킬 때마다 조금씩 다양한 소재를 곁들이면서 퍼즐맞추듯 차근차근 만들어보면 어떨까. 경제적, 육체적인부담도 적고 독특하고 멋스러운 감각이 느껴지는 자신만의 작품을 만들 수도 있다.

# BEDROOM

침실은 심신의 피로를 풀고 휴식을 취하는 장소이므로
지나치게 많은 식물은 자제하고 침대맡에 밝고 선명한
노란색 식물을 심플하게 코디했다. 화초를 바닥이 아닌
높은 위치에 두면 지나다니거나 물건이 위에서 떨어졌
을 때 식물이 손상되지 않아 실용적이다. 게다가 침대에
앉거나 누워 있을 때도 식물을 감상할 수 있으니 일석이
조다. 어담한 조명을 식물과 함께 매치하면 불빛을 받은
앞사귀가 공간을 한층 아늑하고 따사롭게 물들인다. 방
가운데 배치해 존재감을 뽐내는 앤티크 침대 위에 풀썩
누우면 천장의 알록달록한 가랜드가 눈앞에 펼쳐지며
눈과 마음을 즐겁게 한다.

# BATHROOM

잠에서 일어나 간단히 몸을 씻거나 옷차림을 정돈하는 욕실. 카페모카색 페인트로 칠한 벽면과 하늘색 타일의 조화가 근사하다. 창가의 조그만 선반공간에 진열된 자동차 모형의 도자기와 개구리 장난감은 하루를 기분 좋게 시작하게 해주는 유쾌한 아이템들이다. 배수공간에는 양치류 식물처럼 습기를 좋아하는 식물이 적합한데 특히 아래로 늘어뜨리는 양치류 식물을 코디하면 예술작품처럼 멋스럽다. 햇살이 들어오는 창이 있다면 욕실은 미니 정원으로 최적의 장소다. 욕실은 무조건 심플하고 단정해야 한다는 편견을 버리고 과감히 도전해보자.

I picked up beach glasses....

colored by "mocha" and pastel tiles.

star fish.

Antique keys
and bottles.

# TOILET

이탈리안 블루로 칠한 화장실 벽에 차분한 색감의 프레임을 매치했다. 그중에서도 가운데 걸어놓은 거울은 에이징* 작업을 처음으로 도전해 만든 작품으로 화장실에서 가장 잘 보이는 자리에 걸어두었다. 창가 쪽으로는 큼직하게 잘라서 말린 유칼립투스 나뭇가지를 장식해 악센트를 주었다. 유칼립투스는 향도 좋고 건조도 쉬워 그린 인테리어의 단골 손님이다. 특히 화장실처럼 비좁은 공간이라면 유칼립투스 가지를 자연스럽게 묶어 매달아보자. 공간을 많이 차지하지 않으면서도 감각적이고 시크한 멋을 풍긴다.

*Aging 의도적으로 낡고 오래되어 보이도록 연출하는 가공 방식.

COLUMN
1
DECO ROOM WITH PLANTS

# Home Renovation

나의 홈 리모델링 이야기

## House

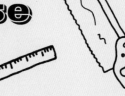

이 집에는 원래 지인이 살았는데 개인적인 사정으로 떠나게 되자, 지인이 나에게 한번 살아보지 않겠냐며 넌지시 제안을 했다. 마당이 있고 개조를 자유롭게 할 수 있다는 점이 마음에 들었지만 당시 살던 집의 계약기간이 남아 있어 아쉽지만 단념할 수밖에 없었다. 그렇게 시간이 흘러 어느새 계약기간이 만료되고 새롭게 집을 찾기 시작할 즈음 운 좋게도 이 집이 아직 비어 있다는 얘기를 전해 들었다. 이번에는 망설일 이유가 없어 당장 계약서에 도장을 찍었다. 그렇게 나의 홈 리모델링 대장정이 시작되었다.

### *House*
아무라도 세입자로 살면 집을 마음대로 손댈 수 없기 때문에 개조가 자유롭다는 사실이 이 집을 선택한 가장 큰 이유다. 예전에 살던 오래된 단층집은 집주인이 가까이 사는 까닭에 상태가 좋았지만 이 집은 외관이나 내부 모두 무척 낡고 허름했다. 과연 잘할 수 있을지 불안하기도 했지만 하나부터 열까지 직접 뜯어고치고 꾸민 지금은 이제껏 산 어느 곳보다 애착이 가고 마음에 드는 공간이다.

### Room

오래된 일본가옥의 옛정취가 물씬 풍기는 다다미가 리모델링의 시작이었다. 일본 고유의 느낌을 간직하는 다다미도 나쁘지 않았지만 세계 각지에서 수집한 이국적이고 빈티지한 소품과 가구에는 역시 나무 마루가 어울렸다. 벽도 마찬가지. 바닥을 벗겨내고 집안 곳곳의 사벽*을 직접 쇠주걱과 사포로 깎아내는 고된 작업이 이어졌지만 내 손으로 하나하나 고친 집이 얼마나 근사하게 완성될지 기대하니 절로 힘이 솟았다.

### Yard

마당에는 투박한 석등이 있고 큼지막한 돌들이 여기저기 굴러다니고 있었다. 내 취향에 딱 맞는 정원으로 탈바꿈한 지금은 석등이나 돌들이 교묘하게 숨어 있다. 가끔은 기분에 따라 다양한 소품과 식물을 믹스매치해서 고즈넉한 분위기를 연출하기도 한다. 정원을 꾸밀 때는 마음에 드는 나무나 화초, 소품이 있더라도 직접 가져와서 놓아보지 않으면 잘 어울리는지 알 수 없다. 때문에 시행착오를 거치면서 조금씩 장소에 맞는 주인을 찾아가는 게 정답이다.

*砂壁 흙과 모래로 바른 벽.

## Floor

## Painting

### *Floor*
다다미 위에 합판을 깐 다음 그 위에 목재를 박았다. 물론 업자에게 부탁하지 않고 지인들과 함께 작업했다. 애당초 무게감 있고 고풍스러운 오래된 나무판을 깔고 싶었지만 가격 부담이 예상외로 컸다. 결국 새 나무판을 깔고 그 위에 오일 스테인을 칠하고 에이징 가공작업을 통해 고재와 비슷한 느낌을 내기로 결정했다. 나무 페인트를 거칠게 칠하거나 옅은 수성 페인트를 묻힌 헝겊을 바닥에 문지르며 색을 스며들게 하면 자연스럽게 낡은 느낌이 들면서 아늑한 아틀리에 분위기를 풍긴다.

### *Painting*
평소에도 여러 가지 색감을 자유롭게 조합하기를 즐겨하는 터라 페인팅 작업은 무척 즐거웠다. 시간이 지나 칠이 조금씩 벗겨지면 이전에 칠한 페인트 색이 언뜻언뜻 보이면서 세월의 흔적이 느껴지는 빈티지한 매력이 빛을 발한다. 처음부터 이 집에 베이스가 되는 색감은 심플하게 가고 싶었다. 그래서 식당은 화이트, 주방은 베이지, 침실은 민트 그린으로 선택했다. 다만 공간이 좁은 화장실과 욕실에는 상대적으로 대담한 색감을 선택해 포인트를 주었다.

# Plants & Interior Coordinate

## 장소별 그린 인테리어

자기 집에 어울리는 식물이 무엇인지, 어떻게 코디해야 할지 어렵다고 느끼는 독자들을 위해 장소별로 그린 인테리어 노하우를 소개한다. 꼭 그대로 따라할 필요는 없다. 마음에 드는 일부를 자신의 공간에 활용해보자. 이것이 자신만의 그린 인테리어의 첫걸음이다.

# Stepladder Coordinate 1 | 발판 사다리 인테리어 1

## 화이트 · 베이지 · 그레이
## 색감매치로 연출한 내추럴 스타일

리넨이나 오거닉 코튼 등 내추럴한 스타일을 좋아하는 사람에게 추천하는 인테리어다. 기다랗고 삐죽하거나 무늬가 들어간 것, 혹은 아래로 길게 늘어뜨리는 등 다양한 형태와 성질을 가진 잎사귀를 코디하면 일부러 꽃을 장식하지 않아도 화려함을 풍긴다. 여기에 화이트나 베이지, 그레이와 같은 무채색 색감을 매치하면 전체적으로 공간이 차분하게 정돈된다. 여기서는 화이트 캔들이나 타일, 테라코타 화분, 드라이플라워 등 다양한 요소를 활용해 은은한 컬러 그러데이션을 시도해보았다. 나중에 보니 무채색과 초록색의 조합이 다소 밋밋해 보여 민트색 타일이나 알록달록한 타일 프레임 거울을 곁들여 화사한 포인트를 주었다. 덧붙이자면, 라임색 잎사귀나 흰 무늬가 들어간 잎사귀 식물을 코디하면 귀엽고 발랄한 분위기가, 짙은 색 잎사귀 식물을 코디하면 차분하고 정적인 분위기가 풍긴다.

# Stepladder Coordinate 2 | 발판 사다리 인테리어 2

**개성적인 식물은 생동감 넘치는 색감 인테리어에 안성맞춤**
톡톡 튀는 색감의 화분을 활용한 생기 넘치는 인테리어다. 메인색이
심플한 경우 컬러풀한 소품을 가미하면 분위기가 한층 화사해진다.
여기에 짙은 녹색이나 갈색이 감도는 잎사귀 식물을 매치하면 멋스
러운 빈티지 풍 공간으로, 밝은 색의 잎사귀를 더하면 귀여운 공간이
된다. 그래도 조금 부족하다 싶다면 다육식물이나 공중식물을 곁들여
보자. 한두 개 만으로도 개성적이고 풍부한 인상을 준다.

# Corner Coordinate 1 | 코너 인테리어 1

## 모양이 다른 잎사귀를 코디해 강약을 조절한다

풍성하고 자잘한 잎사귀를 가진 폴리시아스의 밝은 색상을 고려해 잎사귀에 하얀 무늬가 들어가거나 연한 색감의 식물을 매치해 전체적으로 환한 느낌으로 통일했다. 다만 자잘한 잎사귀 식물끼리 매치하면 조잡해보일 수 있으니 둥그렇거나 큼지막한 모양의 잎사귀처럼 서로 다른 형태를 매치하도록 하자.

# Corner Coordinate 2 | 코너 인테리어 2

**존재감 넘치는 잎사귀에는 개성적인 식물을 코디해 균형을 맞춘다**

늠름하게 자란 칼랑코에는 그 자체만으로 카리스마가 넘친다. 특히 파도가 넘실대는 듯한 모양의 큼지막한 잎사귀는 칼랑코에만의 매력이다. 이처럼 개성적인 형태의 식물을 코디하는 경우에는 비슷한 스타일의 식물을 매치해야 균형감이 살아나고 시너지 효과를 일으켜 생동감 넘치는 공간이 완성된다.

# Corner Coordinate 3 | 코너 인테리어 3

**구부러진 줄기는 훤칠하게 뻗는 모양을 강조한다**

물병나무는 구부러진 줄기와 잎이 흘러내리는 모양이 특징이다. 소파에 앉아 올려다보면 마치 머리 위로 하늘하늘한 잎사귀 우산이 펼쳐진 듯 색다른 경험을 선사한다. 가녀리고 훤칠한 물병나무 하단에는 각기 다른 종류의 식물을 매치했다. 덕분에 빈약한 몸통 부분에 풍성한 화려함을 더하면서 우아한 줄기와 잎사귀 모양이 더욱 돋보인다.

# Corner Coordinate 4 | 코너 인테리어 4

**식물을 매달아 위에서 아래로 자연스러운 흐름을 만들어 배치한다**

흘러내리는 성질의 식물은 큼지막한 관엽식물을 두지 않아도 공간 곳곳을 풍요롭게 꾸미기에 효과적이다. 상단에 설치한 버들선인장이나 중간의 스툴 위에 흘러내리는 식물을 코디하여 물줄기가 내려오듯 하나의 흐름을 만들었다. 여기에 식물의 잎사귀 색에도 변화를 주어 리듬감 넘치는 분위기를 연출했다. 화분에 좋아하는 스티커나 카드를 마킹 테이프로 붙이거나 헝겊을 둘러 마 끈으로 묶으면 더욱 멋스럽다.

Plants & Interior Coordinate

# Wall Coordinate 1~8 | 벽 인테리어 1~8

**1**

**2**

**5**

**6**

## 빈 공간에 에이프런을 코디해 태피스트리처럼

비어 있는 벽면에 에이프런을 걸어 근사한 태피스트리 느낌을 냈다. 1번처럼 식물을 넣지 않아도 좋고, 2번처럼 개성적인 화초를 넣어도 멋지다. 3번은 다보록하게 자란 다육식물을 넣어 자연미 넘치는 인상을 연출했다. 4번은 드라이플라워를 몇 개 넣어 우아한 앤티크 풍으로 연출했고 5번은 선인장이 연상되는 식물을 넣었더니 경쾌한 웨스턴 풍이 완성되었다. 6번은 몇 송이 꽃을 무작위로

**3**

**4**

**7**

**8**

꽂은 병을 넣어 생기발랄한 분위기를 내었고 7번은 버섯모양 오브제를 자연스럽게 코디해 개성 넘치는 인상을 주었다. 8번은 귀엽고 독특한 인형을 주머니에 넣어서 유쾌하고 활발한 풍경을 연출했다. 이처럼 다양한 소품으로 공간의 인상이 천양지차로 달라진다. 계절이나 기분에 따라 마음에 드는 스타일로 다양하게 시도해보자.

# Bathroom Coordinate 1~2 | 욕실 인테리어 1~2

**1**

**2**

## 식물의 볼륨감을 강조한 스타일링

같은 공간이라도 식물의 볼륨감에 따라 분위기가 사뭇 달라진다. 두 사진을 비교해보자. 2번에서처럼 볼륨감 넘치는 양치식물 화분을 하나 더 했을 뿐인데도 1번보다 공간이 한층 풍성하고 화려해진다. 유리병에 넣은 싱고니움은 뿌리 모양도 멋스럽게 코디했다. 기분과 취향에 따라 여러 가지 식물을 더하거나 빼면서 개성 가득한 공간을 만들어보자.

# FATIGUE UNIFORM

작업복 이야기

작업복과 도구는 식물 가꾸기의 필수 아이템. 오랜 명성을 자랑하는 유명 브랜드 제품부터 세계 곳곳에서 날아온 손때 묻은 중고품까지 작업복의 세계는 생각보다 다양하다. 작업복 마니아인 나는 디자인과 기능성이 뛰어난 물건을 발견하면 일단 구입하고 본다. 마음에 드는 작업복을 입으면 기분도 좋아지고 의욕이 마구 샘솟아 머릿속에 갖가지 영감이 떠오르는 경우도 부지기수다.

## SHOPCOAT
숍 코트

숍 코트*는 더 이상 작업복의 대명사가 아니다. 요새는 봄가을에 숍 코트를 맵시 있게 차려입고 패션 감각을 뽐내는 멋쟁이 남성들이 부쩍 늘었다. 평상복처럼 숍 코트를 즐겨 입는 나도 구제 숍을 돌아다니며 마음에 드는 디자인이나 절묘한 색 바램, 보기 드문 색감을 발견하면 망설임 없이 지갑을 연다.

*Shopcoat 상점 직원들이 입던 코트에서 유래한 말로 무릎 기장의 움직이기 쉽고 얇은 소재의 코트.

내 옷장 속에 가득한 작업복은 대부분 중고 숍에서 찾아낸 소중한 보물들이다. 색감이나 디자인을 살펴보다 '이거다!' 하고 느끼는 순간이 있다. 그렇게 운명적으로 만난 물건은 그만큼 애착도 커지기 마련이다. 작업복은 브랜드별, 국가별로 다양한 스타일을 즐길 수 있다는 점이 매력으로 꼽힌다. 더군다나 작업복이라고 해도 움직임이 편하고 소재나 디자인이 취향에 맞으면 근사한 평상복이 되기도 하니 참으로 실용만점 아이템이라 할 수 있다.

튼튼하고 활동이 편안한 기능성은 작업복의 기본이고, 오랜 전통을 자랑하는 브랜드 아이템이거나 브랜드가 고집스레 유지하는 디자인, 브랜드 역사, 상품이 완성되기까지의 스토리 등을 알게 되면 흥미가 부쩍 높아진다.

시중에는 숍 코트, 셔츠, 오버 롤*, 신발 등 그야말로 무수한 작업복들이 나와 있다. 기능성과 유행에서 한 발 더 나아가 작업복의 고유한 질감이나 브랜드 역사 등으로 시야를 넓혀본다면 분명 자신만의 뚜렷한 취향이 보일 것이다. 작업복을 마련했다면 공구에도 눈을 돌려두자. 당장이라도 전문가가 된 듯 기분이 한껏 고조된다. 사용하지 않을 때는 그냥 놓아두기만 해도 빈티지한 인테리어 아이템으로 변신하니 일석이조가 아닐까.

## ❄
## GARDEN
## BOOTS
### 가든 부츠

가든 부츠도 브랜드 별로 소재와 색감이 다양하므로 취향에 맞는 스타일을 골라보자. 참고로 내가 가장 즐겨 신는 종류는 레이스 업**이다.

\*Overall 위아래가 붙어 있는 작업복.
\*\*Lace-up 끈으로 앞을 조여 묶는 신발.

# ✿ APRON
### 에이프런

중고 숍을 아무리 순례해도 마음에 드는 에이프런을 발견하지 못해 고민하던 차에. 오래된 리넨 천으로 뚝딱 만들었더니 제법 그럴싸한 결과물이 나왔다. 재킷 안에 근사한 에이프런을 매치하면 어딘가 장인의 아우라를 풍기는 멋스러운 차림새가 된다.

## 손님맞이 그린 인테리어 스타일링

친구나 연인, 회사 동료, 가족을 집에 초대할 때 현관이나 테이블을 초록 식물로 코디해보자. 분명 기대 이상의 효과를 거두게 될 것이다. 식기나 가구도 식물과 어울리게 매치하면 운치 가득한 홈 파티 분위기가 연출되어 호스트와 게스트 모두 잊지 못할 추억으로 남을 것이다.

# Entrance Decoration 입구

처음 방문하는 사람도 목적지를 금방 찾도록 가랜드나 장식품으로 입구를 꾸며보았다. 풍선을 띄우고 예쁜 패브릭을 매달고 드라이 플라워를 마 끈에 묶어 늘어뜨리면 더욱 화려해 보인다. 입구는 집의 첫인상이니 주인의 취향과 파티 분위기에 따라 멋지게 연출해 보자.

## PATTERN 1

대부분의 가랜드는 화사한 색감이나 발랄한 무늬를 사용해 귀엽고 여성스러운 이미지를 풍기는데 반해, 여기서는 데님이나 무지 천, 군복 무늬를 사용해 빈티지한 남성미를 연출했다. 더불어 전체적인 통일감을 위해 빛바랜 색감의 식물을 코디했다. 입구 하단에 장식한 드라이플라워는 어른들의 파티임을 알려주는 멋스러운 아이템으로 안성맞춤이다.

## PATTERN 2

각기 다른 색감의 페이퍼 볼을 걸어 톡톡 튀는 경쾌한 분위기를 연출했다. 산뜻하고 앙증맞은 화분을 눈에 잘 띄는 장소에 코디해 화려함을 더했다. 초대받은 손님들이 여러 개의 페이퍼 볼을 하나씩 통과하면서 앞으로 펼쳐질 공간에 대한 기대감이 한층 높아지지 않을까.

**Party Plants Styling**

# DOOR

현관

손님이 문을 연 순간, 시야에 곧바로 들어오는 부분이 집의 인상을 결정한다. 당신은 어떤 인상을 주고 싶은가. 생기발랄한 공간? 차분한 공간? 아니면 개성 넘치는 공간? 소품 몇 가지만으로도 공간의 이미지는 전혀 달라진다. 여기서 소개하는 생화 · 드라이플라워 · 소품을 사용한 세 가지 패턴을 적극 활용해 파티의 분위기를 취향대로 연출해보자.

## PATTERN 1

선명하고 밝은 색의 꽃을 코디한다면 야생화 느낌의 소박하지만 사랑스러운 다육식물의 초록색을 곁들여보자. 산뜻한 꽃을 돋보이게 하면서 지나치게 들뜨지 않고 분위기 있는 풍경이 연출된다. 여기서는 노란색 화분을 코디해 산뜻함을 한 층 배가시켰다. 홈 파티는 어디까지나 좋아하는 사람들끼리 격식 차리지 않고 즐기는 자리다. 부담 갖지 말고 마음 가는 대로 좋아하는 스타일을 코디하면 그것으로 충분하다.

드라이플라워를 사용하는 경우에는 안개꽃이나 수국, 유칼립투스 등 생화를 곁들여 코디해보자. 어느 하나 튀는 것 없이 차분하고 깊이 있는 느낌을 주어 아늑하고 클래식한 분위기를 선사한다. 물을 갈거나 손질할 시간이 부족해 드라이플라워만으로 코디해야 한다면 프리저브드 플라워를 곁들여 컬러풀한 색상을 더해보는 것도 추천할 만하다.

PATTERN

2

여러 가지 생화나 드라이플라워를 준비하지 않아도 아담한 소품을 매치하면 나만의 개성 만점 코디가 완성된다. 좋아하는 잡화나 독특한 모양의 오브제 등 식물과 어울리는 소품의 스펙트럼은 그야말로 무한하다.

PATTERN

# 3

with a
small bouquet

현관 인테리어를 끝마쳤다면 테이블 세팅을 시작해보자. 요리를 테이블에 옮겨 먹음직스럽게 담은 뒤 찾아올 손님들을 기다리면 끝이다. 파티를 하는 시간이나 방문객, 요리의 종류, 식기 스타일 등에 따라 무궁무진한 코디를 즐길 수 있다.

69

# HOLIDAY PARTY

연말파티

즉석에서 뚝딱 만든 샐러드를 테이블에 세팅하고 사이좋은 친구들끼리 가볍고 흥겨운 파티를 즐길 수 있도록 연출한 스타일링이다. 파스텔 톤 식기와 벽에 건 타일 프레임 거울이 절묘한 조화를 이룬다. 테이블 위에는 연녹색 베고니아를 배치해 빈티지한 멋을 더했다.

"Spinach and beans salad"

# Antique color...

making a flower decoration.

use old bottles.

아기자기한 유리병을 활용한 생화 인테리어. 아담한 사이즈의 병들을 테이블 중간에 사이좋게 나열한 뒤 한두 송이 꽃들을 무작위로 꽂으면 근사한 테이블 오브제가 완성된다. 유리병을 하나씩 옮기면서 볼륨감을 조절할 수도 있고 자리를 옮길 때는 함께 이동할 수도 있으니 그야말로 일당백 아이템이다. 정원이나 베란다에서 뜯어온 야생화나 허브를 꽂아도 그럴 듯하다. 단 과해보이지 않도록 종류나 분량은 적당히 조절하자.

샐러드를 담는 식기는 연하고 흐릿한 색감으로 코디하고 꽃도 이에 어울리는 차분한 색상을 골랐다. 원색을 사용할 경우에는 식기나 꽃 모두 강렬한 원색을 사용하면 산만하고 어지러워 보일 수 있으므로 둘 중 한 가지는 색감을 억제하도록 하자.

# EVENING PARTY

**이브닝 파티**

어스름이 깔리는 저녁, 마음 맞는 사람들끼리 왁자지껄하게 수다를 떨며
저녁밥을 먹기 시작하는 모습이 연상되는 스타일링이다. 초록 물결이 넘
실대는 테이블 위는 무채색 계열로 색감을 통일해 아늑하고 시크한 멋
을 풍긴다. 법랑이나 묵직한 질감의 도자기는 모두 브랜드 제품이다. 따
스한 온기가 묻어나는 가운데 투박하고 터프한 남성미가 느껴진다. 테이
블 위에 매치한 식물도 진녹색으로 코디해 빈티지한 느낌을 더했다.

" Grilled chicken with potato and herbs "

Colorful succulents on the tray.

이 스타일링의 주인공은 각양각색의 다육식물들이다. 은 쟁반에 일부러 흙이 보이도록 식물을 올려놓아 색다른 개성과 자유분방한 분위기를 연출했다. 잎사귀 퍼짐이 아름다운 다육식물은 테이블 위에 아무렇게나 올려두어도 독특한 소품이 된다. 여기에 마른 나무토막이나 나뭇가지를 곁들이면 더욱 멋스럽다. 의자 위에 자연스럽게 걸쳐둔 가을 느낌 물씬 풍기는 담요는 자연스럽고 빈티지한 스타일링의 화룡점정이다.

put "Emblems" on the wall.

통일감 있는 테이블 인테리어를 위해 장식품들도 나뭇가지에서 모티프를 얻었다. 식사용으로는 다소 무리가 있지만 독특하게 두 방향으로 갈라진 나무 스푼이나 포크는 그 자체만으로 따스한 온기와 운치를 더한다. 군더더기 없이 심플하고 소박한 식기와 소품 등 전체적인 색감을 차분하게 정돈한 대신 하얀 벽면에는 알록달록한 소품을 곁들여 포인트를 주었다. 흰색 캔버스를 마음껏 색칠하듯 아기자기한 물건들을 자연스럽게 코디해 형식에 얽매이지 않는 자유분방한 믹스매치 스타일을 완성했다.

# DINNER PARTY

디너 파티

의자에 편하게 걸터앉아 여유롭게 식사를 즐기는 모습이 연상되는 스타일링이다. 연인이나 가족과 함께 둘러앉아 소박한 메인 요리를 하나 차려놓고 즐겁게 시간을 보내는 느낌이 들지 않는가? 꽃과 드라이플라워, 곰 무늬가 사랑스러운 양초, 버섯 모양 오브제, 늘어뜨린 꽃 장식 등 사랑스럽고 유머 넘치는 소품들이 분위기를 더욱 고조시킨다.

"Ratatouille"

*Ratatouille(라따뚜이) 당근, 양파, 호박, 가지, 피망 등의 채소를 뭉근한 불로 찐 프랑스 지중해 지방 요리.

paper flowers
and
the bird of
stained glass.

벽에 장식한 스테인드글라스 새 한 마리가 멕시코산 꽃
장식 꿀을 따먹는 듯 위치가 절묘하다(79페이지). 로마
네스코 브로콜리와 자주색 양배추처럼 형태와 색감이
독특한 야채를 테이블 위에 놓았더니 그럴듯한 오브제
로 변신했다. 아무렇게나 매치한 듯 보이는 소품들도
배치나 색감을 세심하게 고려해 유머러스하게 표현했
다. 전체적으로 장식품들의 색감은 화려한 대신 식기는
흰색이나 무채색 계열로 통일해 강약을 조절했다.

# WINE & CHEESE PARTY

**와인과 치즈를 곁들인 파티**

기분 좋은 날 사랑하는 연인과 함께 하는 즐거운 와인타임. 와인과 치즈를
즐기며 오붓하게 시간을 보내다 보면 저녁노을이 창가를 붉게 물들이며 어
둠이 깔리기 시작한다. 이때 고풍스러운 양초에 불빛을 밝히면 유럽의 아
름다운 고성 부럽지 않은 환상적인 분위기가 연출된다. 통째로 말린 포도
나 특이한 무늬가 들어간 치즈가 신비로운 느낌을 준다.

Many kinds of cheese and dried fruit.

Go well with "WINE"

Took away from the wall. put on the table!!

올리브 나무로 만든 커팅보드, 세계 각지에서 모여든 외국 동전, 철제 꽃 장식 예술품, 아스티에 드 빌라트에서 구입한 카리스마 넘치는 가지 모양 오브제, 형형색색의 프리저브드 플라워로 장식한 캔들 홀더, LA에서 건너온 유리병까지, 그야말로 풍성한 예술 작품의 향연이 펼쳐지는 테이블 세팅이다. 종류는 각양각색이지만 앤티크 스타일로 통일한 덕분에 어느 것 하나 튀지 않고 기막힌 궁합을 자랑한다. 일반적으로 액자는 벽에 걸어둔다는 이미지가 강하지만 테이블 위에 눕혀놓고 드라이플라워나 앙증맞은 인형, 자잘한 꽃이나 잎사귀를 흩뿌리듯 코디했더니 색다른 개성을 풍긴다. 벽면은 액자와 '아스티에 드 빌라트' 그릇, 앤티크 브로치 등 실루엣이 아름다운 소품을 장식해 고풍스러우면서도 시크한 이미지를 연출했다.

# SENSITIVITY IS POLISHED

인테리어 영감을 얻기 위해 떠나는 여행

2011년 오픈한 토털 인테리어숍 '그린 핑거스'는 세계 각국에서 가져온 진귀한 물건들로 가득한 보물창고다. 나는 틈날 때마다 근사한 소품을 구입하기 위해 여행을 떠나는데 그곳에서 보낸 시간은 예술적인 감각과 안목을 키우기에도 그만이다. 그동안 다녔던 여행의 발자취를 더듬어보면서 수많은 영감의 원천이 되었던 공간과 물건을 소개한다.

나는 해외여행을 통해 매장에 필요한 소품을 구입하고 새로운 영감과 자극을 받는다. 얼마 전에는 차를 렌트해 샌프란시스코 곳곳을 여행했다. 여행지에서는 물건 구입하는 일 이외에도 사람들을 만나고 관심 있는 상점 리스트를 만들어서 투어를 나선다. 사진에서 보듯 빵집이나 이발관, 고물상 등에서 무신경하게 장식한 코디도 눈이 번쩍 뜨일 만큼 강렬한 영감의 원천이 되곤 한다. 때문에 '언젠가 아이디어로 활용할 수 있으리라'는 생각으로 여행지의 풍경을 사진에, 그리고 머릿속에 꾹꾹 눌러 담는다.

여행 중에는 반드시 취향에 맞는 동네를 체크한다. 캘리포니아의 패서디나Pasadena의 미식축구 경기장 로즈볼Rose Bowl이나 LA의 롱비치Long Beach에서 열리는 대규모 벼룩시장도 꼼꼼하게 일정을 확인한다. 틈틈이 인터넷으로 새로운 곳을 찾아다니고 현지인에게 요즘 뜨고 있는 가게를 소개받아 부지런히 발품을 팔기도 한다. 자신의 취향에 얽매이지 말고 새로운 스타일을 경험하다 보면 자연스레 관심사와 시야도 넓고 깊어지는 법이다. 감동적인 보물과의 운명적인 조우도 수많은 시행착오 끝에 생겨난다.

해외여행을 통해 얻는 수확은 무엇일까. 새롭고 멋진 물건을 손에 얻는다는 점을 꼽을 수 있으리라. 하지만 그것이 전부가 아니다. 허름한 공장 안에서 묵묵히 일하는 사람들의 복장이 눈에 들어오거나, 이발관에 놓인 낡은 도구가 멋지다거나, 무심히 지나쳤던 건물 벽의 빛바랜 페인트 색에 감탄이 절로 나온다거나…. 사소한 것 하나에도 풍부한 영감을 받고 자신의 감각을 새롭게 업그레이드하는 뿌듯함도 빼놓을 수 없는 수확이다. 외국에 가면 하늘이나 땅도 왠지 이국적으로 보인다. 단지 그곳에 있다는 사실만으로도 평소에 접하지 못했던 색다른 색감을 접하게 된다. 우연히 발길이 닿아 들어간 카페에서 본 그릇이나 음식 세팅 하나에도 그 나라 특유의 감각이 고스란히 담겨 있다.

# Reception Plants Styling

## 숍 인테리어 스타일링

내가 스타일링을 담당했던 상업 공간들을 소개한다. 가게 내부에
있던 상품이나 잡화를 알차게 활용한 코디와 독창적인 스타일링은
공간에 화사하고 파격적인 개성을 불어넣었다. 집에서도 응용할 수
있는 아이디어가 가득하니 마음에 드는 스타일링은 참고해보길 바
란다.

벽면을 가득 채운 태피스트리와 선반을 장식한 타일 등 이국적이고 화려한 색상이 가득한 공간이다. 주변 색상이 강렬했기에 의도적으로 초록 중심의 스타일링을 시도했다. 단 꽃을 사용하지 않는 대신 무늬가 들어가거나 은회색 잎사귀 식물을 가미해 지나치게 밋밋해 보이지 않도록 했다.

# OPTRICO

옵트리코

도쿄도 미나토구 기타아오야마 3-12-12 HOLON-R 1F
TEL 03-6805-0392
http://www.optrico.com

이곳은 여행을 테마로 한 레그 웨어Leg Wear 브랜드인 '마르코몬드 Marcomonde'가 프로듀싱한 공간이다. '가상의 나라'를 모티프 삼아 자체적으로 디자인한 상품을 비롯해 일본과 해외의 인테리어 및 잡화 브랜드를 취급한다. 카운터 뒤편으로 신비로운 분위기를 풍기는 양탄자가 걸려 있다. 에스닉풍 타일을 장식하고 거대한 아치를 세우는 등 곳곳마다 남다른 감각이 느껴진다.

은색 철제 상자에 구두 솔과 다육식물을 조합시킨 유머 넘치는 코디다. 구두 안에 싱싱한 잎이 쑥쑥 자라는 것처럼 보이도록 연출하고(왼쪽 상단 사진) 독특한 무늬가 들어간 잎사귀와 비슷한 패턴의 패브릭을 곁들여 흥겨운 통일성을 부여했다(오른쪽 상단 사진).

'마르코몬드'의 양말 제품을 화분 둘레에 늘어뜨려서 화분 커버처럼 활용했다.

캔들로 화분을 둘러싸 화분 커버처럼 연출했다. 알록달록한 캔들 틈새를 통해 삐죽 얼굴을 내민 잎사귀들이 화려함을 배가시킨다. 절제된 색감을 사용한 흉상 캔들과 앤티크 주전자는 분위기를 차분히 정돈하면서 초록빛을 더욱 돋보이게 한다.

95

**Before**

아찔할 만큼 현란한 타일색이 이목을 집중시키는 코너에는 무엇보다 균형감 조절에 주안점을 두었다. 남미산 상록수인 페이조아와 은회색 수유나무 등 절묘하게 색감이 같은 듯 다른 식물을 배치해 입체감을 만들어 타일 색과 위화감 없이 자연스레 녹아들도록 그러데이션을 연출했다. 덕분에 볼륨감 가득한 식물들이 튀지 않고 주변 요소와 마법처럼 멋지게 어우러진다.

타일과 유사한 색상의 큼지막한 화분 밖으로 풍성하게 드러난 아이비 잎사귀가 세련미를 더한다.

타일, 철제 행거, 밀짚모자, 나무소
재 프레임, 앤티크 유리병 등 이색
적인 소재를 센스 있게 배치해 자유
로운 보헤미안 감성을 표현했다.

천장의 은회색 잎사귀, 여릿한 다홍색 수유
나무 열매, 적자색 양철통, 바닥까지 흘러내
린 빛바랜 아이비까지, 이 모든 아이템들은
타일과 색감 그러데이션을 이루도록 절묘하
게 연출된 것이다. 이처럼 다양한 소품과 식
물을 유사한 색감으로 조합시키면 감각적이
면서도 정돈된 느낌을 준다.

# DogMan-ia

도그매니아

반려견 '조로'의 단골 미용실이다. 달마티안의 점박이를 연상시키는 경쾌한 외관이 인상적이다. 크기나 잎사귀 모양이 각기 다른 식물들과 멋스러운 잡화 및 가구를 볼륨감 있게 매치해 시크한 남성미가 느껴지는 풍경을 연출했다.

Before

가게 내부는 잎사귀에 개성적인 무늬를 가진 식물과
샹들리에처럼 풍성하게 내려오는 식물을 적절히 배치
해 임팩트를 주었다. 구석에 장식한 지구본은 이곳에
찾아오는 모든 개들이 세계 각지의 혈통을 가졌다는
점을 의미한다.

빈티지한 소품과 식물은 코디하기에 따
라 천차만별의 느낌을 주는 그린 인테리
어의 단골손님이다. 앤티크 양철통에 느
낌대로 다육식물을 넣거나 물뿌리개에
투박한 나뭇가지를 꽂아두기만 해도 그
것 자체만으로 훌륭한 오브제가 완성된
다. 초보자도 따라 하기 쉬운 스타일링
이니 마음껏 시도해보자.

# THE M.B

더 엠비

도쿄도 시부야구 우에하라 2-43-6 biena okubo 1F
TEL & FAX 03-3466-0138
http://www.the-mb.net/

'프렌치 아메리칸'을 테마로 삼아 트렌드 제품, 디자이너 브랜드,
구제품까지 아우르며 독자적인 감성의 코디를 제안하는 숍이다.
스타일링을 맡은 장소는 여성복 섹션의 외부였던지라 꽃을 곁들
여 사랑스러운 느낌을 연출했다. 다만 지나친 공주 풍은 자제하고
어른스러운 시크함을 풍기도록 빈티지한 소품과 식물을 선택했다.

Before

남성복 섹션의 화이트 수납장이다. 수납장 위에는 화분 앞으로 고풍스러운 영자 책을 감싸듯이 세워서 화분 커버처럼 연출하고 넥타이를 흘러내리는 잎줄기처럼 코디해 발랄한 리듬감을 주었다. 여성복 섹션에 놓은 옷장은 자유분방하게 매치한 식물과 상품이 아름다운 하모니를 이룬다. 메인 색감인 밝은 핑크색에 녹색과 검은색을 포인트로 주어 달콤한 여성미와 차분한 세련미라는 두 마리 토끼를 모두 잡았다.

*Gentlemen*

*Ladies*

여성복이나 액세서리가 쇼윈도를 통해 밖에서 보이는 구조를 고려해 액자를 화분 커버로 사용하고 불가사리 모양 오브제로 외부를 장식했더니 한 폭의 그림처럼 근사한 풍경이 되었다. 흘러내리거나 휘감는 식물은 입체감을 살리고 화분 커버로도 야무지게 활용할 수 있다.

# ART WORK

작품 이야기

나에게 작품 활동이란 일상의 긴장감을 내려놓고 오롯이 나만의 세계관에 집중하며 마음 가는대로 표현하는 시간이다. 클라이언트의 의뢰를 받은 작업과는 달리 그 어떤 것에도 구애받지 않고 자유로운 상상의 나래를 펼칠 수 있다. 나만의 감각을 고스란히 녹여낸 그린 인테리어 작업을 소개한다.

# The art of bonsai

ART WORK

분재는 해외에서도 'bonsai'라는 이름으로 대중화되어가는 추세다. 위의 사진은 '그 누구도 가본 적 없는 숲속의 신기한 식물들'을 형상화한 분재 작품이다. 시간이 박제된 이미지를 표현하기 위해 프리저브드 플라워와 드라이플라워를 사용했고, 소장하고 있는 빈티지 소품을 곁들여 몽환적인 미지의 세계를 연출했다. 앞으로는 해외에 분재 작품을 더욱 적극적으로 알리는 활동을 계획 중이다.

# Garden Party Lamp

ART WORK

프리저브드 플라워나 드라이플라워를 감각적으로 매치한, 세상에 단 하나뿐인 특별한 전등갓이다. 여기에 레이스, 메달, 헝겊, 깃털, 고서 등을 가미해 대담하고 파격적인 이미지를 연출했다. 멋스럽게 세팅한 '아스티에 드 빌라트'와 존 데리안*의 도자기 제품, 그리고 울창한 숲 속을 연상시키듯 천장 가득 펼쳐진 식물과 오브제의 풍성한 하모니가 꿈처럼 신비로운 공간을 연출한다. '그린과 아트'가 행복하게 조우하는 순간이다.

＊John Derian  뉴욕에서 활동하는 인테리어 디자이너.

# FORQUE

ART WORK

오랫동안 '패션이나 인테리어에 감각적인 사람은 많지만 결혼식은 왜 모두 천편일률적일까?'라는 의문을 가져오다가 남들과 다른 개성 만점 결혼식을 바라는 사람들을 위해 '포크FORQUE'라는 웨딩브랜드를 만들었다. 프리저브드 플라워나 드라이플라워 등 고풍스럽고 색다른 개성이 느껴지는 생화 소재를 사용해 웨딩 액세서리부터 결혼식 공간의 데코레이션까지 웨딩의 모든 과정을 담당하며 새로운 웨딩 문화를 제안한다.

# Goods Design

ART WORK

평소 주력하는 부분은 입체적인 공간 디자인이지만 틈틈이 휴대폰 커버처럼 평면 디자인에도 다양한 시도를 하며 나만의 영역을 개척 중이다. 자연의 생명력이 느껴지면서도 다른 곳에서는 찾아볼 수 없는 독특한 디자인을 제안한다.

# Green Fingers Profile

## 그린 핑거스에 대하여

그린 핑거스 소개와 함께 일본에 오픈한 점포들 중 몇 군데를 소개한
다. 독특한 감각으로 스타일링한 식물과 잡화가 가득하다. 가구는 해
외에서 들어온 물건도 상당수 있다. 구경하는 것만으로도 눈과 기분
이 즐거워지고 더 나아가 새로운 영감과 인테리어 힌트를 얻을 수 있
을 것이다.

# 가와모토 사토시/**Green Fingers**

가든 스타일리스트다. 식물이 가진 고유한 아름다움과 지속적인 변화를 매력적으로 보여주는 스타일링을 제안한다. 2006년부터 '그린 핑거스'라는 이름으로 활동하기 시작했으며 일본 전국에 6개의 가든 관련 인테리어숍을 오픈했고, 2013년에는 뉴욕에 진출해 일곱 번째 지점을 냈다. 잡지 연재, 워크숍 진행, 상업 공간 스타일링까지 단순히 식물 인테리어에 국한되지 않은 폭넓은 장르에서 스타일리스트로 활동 중이다. 웨딩브랜드인 '포크'를 설립해 프리저브드 플라워와 드라이플라워를 사용한 액세서리와 장식품, 공간 코디에 이르기까지 독창적인 웨딩 스타일링을 제안한다. 틈틈이 식물의 아름다움을 예술의 경지로 끌어올린 작품을 만들고 이를 소개하는 개인전을 개최하는 등 식물과 인간의 관계를 더욱 풍요롭고 친밀하게 이어주는 영역을 개척하고 있다.

# Green Fingers
그린 핑거스

---

산겐지야의 한적한 주택가에 위치한 그린 핑거스는 앤티크 가구와 잡화, 액세서리, 식물 등을 취급하는 토털 그린 인테리어 숍이다. 초록으로 뒤덮여 아늑한 정글이 연상되는 이곳에서는 다른 곳에서 찾기 힘든 희귀한 식물을 다수 보유하고 있다. 벽이며 천장까지 빼곡히 식물과 아이템들이 가득해 숨겨진 보물을 찾는 재미가 쏠쏠하다. 정신이 팔려 구경하다보면 어느새 몇 시간은 훌쩍 지난다. 감각적이고 스타일리시한 그린 인테리어의 진수를 경험할 수 있는 곳이다.

도쿄도 센타가야구 산겐지야 1–13–5 1F
TEL 03–6450–9541
OPEN 12:00~20:00

# GFyard daikanyama

그린 핑거스 야드 다이칸야마

야외에서 즐기는 나무나 화초를 중심으로 판매하는 숍이다. 화분이나 가든 스타일링을 위한 잡화도 취급하며 그린 핑거스가 솜씨를 발휘한 샘플 가든도 구경할 수 있다. 특히 정원에 독특한 포인트를 줄 만한 색감이 풍부한 식물이나 희귀한 아이템이 풍부하다.

도쿄도 시부야구 사루가쿠초 14-13
mercury design inc. 1F
TEL 03-6416-9786
OPEN 12:00~20:00(계절에 따라 다름)

# Botanical GF

보태니컬 그린 핑거스

도심에서 적당히 떨어진 후타코타마가와 상업지구 안에 위치한 숍으로 실내 가드닝에 적합한 식물과 잡화를 취급한다. 희귀한 식물을 사이즈별로 구비하고 있으며 독특한 색감이 돋보이는 화분도 많아 식물 코디에 참고하기 좋다.

도쿄도 세타가야구 다마가와 2-21-1 후타코타마가와 rise
SC 2F
Village de Biotop Adam et Ropé
TEL 03-5716-1975
OPEN 10:00~21:00

# KNOCK by GREEN FINGERS

노크 바이 그린 핑거스

잡화나 패브릭부터 대형 가구까지 취급하는 토털 인테리어 숍이다. 가게 곳곳에 따라 하고 싶은 그린 인테리어 스타일링이 가득하다. 강렬한 존재감을 뽐내는 관엽식물을 다수 보유하고 있다는 사실도 이곳만의 장점이다.

도쿄도 미나토구 기타아오야마 2-12-28 1F ACTUS
AOYAMA
TEL 03-5771-3591
OPEN 11:00~20:00

GARDEN WAS NOT BUILT IN A DAY

## Deco Room with Plants

Copyright ⓒ 2013 Satoshi Kawamoto

Originally Japanese edition published by BNN, Inc.

**Author**  Satoshi Kawamoto

**Photograph**  Eisuke Komatsubara (Moana co.ltd.)
　　　　　　　　Satoshi Kawamoto, Eri Tsukimoto [p.88–92]

**Design**  Masanari Nakayama (APRIL FOOL Inc.)

**Illustartion and Styling**  Satoshi Kawamoto

**Cooperator**  ANTISTIC www.antistic.com
　　　　　　　　STAUB www.staub.jp
　　　　　　　　H.P.DECO www.hpdeco.com
　　　　　　　　H.P.DECO 好奇心の小部屋 横浜 www.hpdeco.com

www. greenfingers. jp

## 데코 플랜츠

초판 1쇄 인쇄  2015년 4월 8일
2 판 1쇄 발행  2020년 3월 20일

지은이  가와모토 사토시
옮긴이  나지윤
펴낸이  신주현 이정희
디자인  조성미

펴낸곳  미디어샘
출판등록  2009년 11월 11일 제311-2009-33호

주소  03345 서울시 은평구 통일로 856 메트로타워 1117호
전화  02) 355-3922 | 팩스  02) 6499-3922
전자우편  mdsam@mdsam.net

ISBN  978-89-6857-140-4 13610

Deliboy